J'ADORE ME BROSSER LES DENTS

Shelley Admont
Illustré par Sonal Goyal et Sumit Sakhuja

www.kidkiddos.com
Copyright©2014 by S.A.Publishing ©2017 by KidKiddos Books Ltd.
support@kidkiddos.com

All rights reserved. No part of this book may be reproduced in any form or by any electronic or mechanical means, including information storage and retrieval systems, without written permission from the publisher or author, except in the case of a reviewer, who may quote brief passages embodied in critical articles or in a review.

Tous droits réservés. Aucune reproduction de cet ouvrage, même partielle, quelque soit le procédé, impression, photocopie, microfilm ou autre, n'est autorisée sans la permission écrite de l'éditeur.

Second edition, 2019

Translated from English by Sophie Troff
Traduit de l'anglais par Sophie Troff
French editing by Ginette Bedard
Révision en français par Ginette Bedard

Library and Archives Canada Cataloguing in Publication
I Love to Brush My Teeth (French Edition)/ Shelley Admont
ISBN: 978-1-5259-1166-8 paperback
ISBN: 978-1-77268-432-2 hardcover
ISBN: 978-1-77268-085-0 eBook

À ceux que j'aime le plus-S.A.

Au petit matin, le soleil brillait sur la forêt lointaine. Là-bas, dans une petite maison, vivait le lapin Jimmy, avec ses parents et ses deux grands frères.

Maman entra dans la chambre que Jimmy partageait avec ses frères.

Elle embrassa d'abord le frère aîné, qui dormait paisiblement dans son lit bleu. Puis, elle embrassa le frère cadet. Il dormait encore, dans son lit vert.

Enfin, maman se dirigea vers le lit orange de Jimmy et lui donna un baiser.

– Bonjour, les enfants, dit maman.
C'est l'heure de se lever.

Au saut du lit, le frère aîné se rendit dans la salle de bain.

– Waouh, s'exclama-t-il. J'ai une brosse à dents toute neuve ! Elle est bleue, ma couleur préférée. Merci, maman.
Il entreprit de se brosser les dents.

Le frère cadet le rejoignit.
– J'ai une nouvelle brosse à dents aussi, et la mienne est verte ! s'exclama-t-il en se brossant les dents également.

Jimmy se leva du lit et marcha en traînant les pieds vers la salle de bain. Pourquoi me brosser les dents ? pensa-t-il. Mes dents sont très bien comme elles sont.

– Regarde, Jimmy, dit son frère aîné, tu as une nouvelle brosse à dents toi aussi. Elle est orange comme ton lit.

– J'ai une nouvelle brosse à dents, et alors ?
Jimmy se tenait devant le miroir, mais il ne se brossait toujours pas les dents.

– Les enfants, dépêchez-vous ! Le petit déjeuner est prêt, les appela la douce voix de leur mère. Tout le monde a fini de se brosser les dents ?

– J'ai fini, répondit le frère aîné en sortant en courant de la salle de bain.

– Moi aussi, répondit le frère cadet.
Il courut rejoindre son frère dans la cuisine.

– Maman, j'ai fini de me brosser les dents aussi, cria Jimmy.
Il allait sortir de la salle de bain lorsqu'il entendit une voix.

– Ce n'est pas bien de mentir, dit la voix. Tu ne t'es pas brossé les dents.

– Qui a dit ça ? demanda Jimmy en regardant autour de lui avec embarras.

Sa nouvelle brosse à dents orange, debout sur le lavabo, fronça les sourcils. Il n'arrivait pas en croire ses yeux… ni ses oreilles !

– Une brosse à dents ne peut pas parler, dit-il d'une voix stupéfaite.

– Bien sûr que si. Je suis une brosse à dents magique, dit fièrement la brosse à dents. Ma tâche consiste à m'assurer que **TOUT LE MONDE** se brosse les dents.

Jimmy se mit à rire.
– Je ne me suis pas brossé les dents, et il ne m'est rien arrivé.

– Regarde-toi, dit la brosse. Tes dents sont jaunes et ton haleine sent mauvais.

– Ce n'est pas vrai, la brosse. Tu viens juste de l'inventer !
Jimmy prit la brosse à dents et la jeta au loin dans un coin de la salle de bain.

Puis il se précipita dans la cuisine pour prendre son petit déjeuner.

– Ce n'est pas une façon de me traiter, s'écria la brosse à dents. Je suis une brosse à dents magique. Je vais te prouver à quel point je suis importante !

À cet instant, Jimmy était déjà assis à côté de ses frères dans la cuisine.

Il prit un sandwich et le porta à sa bouche. Mais le sandwich s'échappa des mains de Jimmy et sauta dans l'assiette de son frère aîné.

Au lieu du sandwich, Jimmy s'était mordu les doigts — fort !

– À qui appartient ce sandwich ? demanda son frère.

– Mon sandwich s'est enfui, répondit Jimmy. Il est à moi !

– Quelle imagination, mon chéri. Comment un sandwich peut-il s'enfuir ? dit sa mère.

– Je ne sais pas comment, mais c'est vraiment ce qui est arrivé, dit Jimmy.

Alors, maman lui donna une grande assiette remplie de salade.
– Tiens, tu préféreras peut-être manger une délicieuse salade de crudités à la place, dit-elle.

– Miam, j'adore les salades de crudités, dit Jimmy en s'apprêtant à manger.
Soudain, l'assiette de salade bondit et atterrit sur la table devant son frère cadet.

– Regarde, dit le frère cadet, comment ton assiette est-elle arrivée ici ?

– Tu avais raison, mon chéri ! Ta nourriture s'enfuit loin de toi ! dit leur maman, étonnée. C'est étrange.

– Maman, j'ai trop faim. Qu'est-ce que je peux manger ? demanda Jimmy.

Maman réfléchit quelques instants.
– Que dirais-tu de ton gâteau préféré aux carottes ? Je vais t'en donner une grosse part.

– Oh oui, du gâteau aux carottes ! J'aime trop ça, s'écria joyeusement Jimmy. Merci, maman.

Cependant, avant que Jimmy puisse prendre le gâteau, il se mit à flotter dans les airs. Il vola à travers le salon et se posa sur le sofa.

Jimmy sauta de sa chaise et se mit à poursuivre la part de gâteau.

Il bondit sur le sofa, mais le gâteau fonça vers la table. Jimmy se précipita vers la table, mais alors le gâteau s'enfuit de la maison. Jimmy lui courut après.

Le gâteau fit le tour de la maison, suivi de loin par Jimmy. Un nouveau tour, puis un autre et un autre, toujours avec Jimmy à la traîne derrière lui.

Jusqu'à ce qu'il soit à bout de souffle. Épuisé, Jimmy s'assit à l'entrée de la maison et se mit à pleurer.

Au même moment, deux de ses amis passaient par là.

– Salut, Jimmy, le saluèrent-ils. Pourquoi t'es assis là, l'air si triste ? Viens jouer avec nous.

– Oui, avec plaisir ! dit Jimmy en accourant vers eux. Vous ne croirez jamais ce qui m'est arrivé aujourd'hui !

Mais, alors qu'il ouvrait la bouche, les amis crièrent:

– Beurk, quelle puanteur ! On va aller jouer ailleurs pendant que tu te brosses les dents !
Sur ce, ils s'enfuirent.

Une fois de plus, Jimmy éclata en sanglots et rentra dans la maison.

Il alla dans la salle de bain et vit la brosse à dents magique voler dans les airs, lui souriant gentiment.
– Bonjour, Jimmy. Je t'attendais. Tu veux te brosser les dents maintenant ?

Jimmy entreprit de se brosser les dents, de gauche à droite, de haut en bas, devant et derrière. Il se les brossa jusqu'à ce qu'elles soient blanches et étincelantes.

Contemplant fièrement son reflet dans le miroir, Jimmy dit :
– Merci, la brosse. En fait, c'était amusant et agréable de me brosser les dents.

– Tu es superbe, dit la brosse. Au fait, je m'appelle Leah. Je serai toujours là pour t'aider.

Et c'est ainsi que Jimmy et Leah devinrent de grands amis. Depuis ce jour, ils se voient deux fois par jour pour protéger les dents de Jimmy et les aider à devenir fortes et saines.

www.ingramcontent.com/pod-product-compliance
Lightning Source LLC
Chambersburg PA
CBHW061131070526
44584CB00033B/4290